Lib 43.
221.

PROCÈS-VERBAL

DE

LA FÊTE

Du 15 août, (27 thermidor an X.)

PRÉFECTURE DE LA HAUTE-LOIRE.

CONSULAT A VIE.

PUBLICATION

DU

SÉNATUS-CONSULTE

QUI PROCLAME

NAPOLÉON BONAPARTE

PREMIER CONSUL A VIE.

15 août, (27 thermidor an X.)

PROCÈS-VERBAL.

LE Dimanche 15 août, (27 thermidor, an X de la République française,) jour fixé par le Gouvernement pour la publication solennelle du SÉNATUS-CONSULTE qui proclame NAPOLÉON **BONAPARTE** premier Consul à vie,

A

LE PRÉFET du département de la Haute-Loire, empressé de donner à cette cérémonie toute la pompe due aux glorieux souvenirs qu'elle rappèle, et à l'acte important de souveraineté et de gratitude nationale qu'elle consacre,

A fait procéder à cette publication, au chef-lieu du département, dans l'ordre qui suit :

Dès la veille, des salves répétées d'artillerie et la lecture du programme de la Fête, par la Mairie en costume, escortée d'un détachement nombreux de Carabiniers, avaient annoncé au peuple l'objet et l'intérêt de la cérémonie.

Le Dimanche, à cinq heures du matin, le canon réveille la Cité; la générale bat, toutes les troupes sont bientôt sous les armes; les campagnes accourent, et tous les Citoyens se réunissent pour participer à une solennité dont l'éclat était encore relevé par le concours de la fête religieuse.

A huit heures, toute la 30.ᵉ demi-brigade de ligne, la gendarmerie nationale, la compagnie des vétérans et un peuple nombreux étaient réunis devant la Préfecture, où s'étaient déjà rendus toutes les Autorités civiles et le Général commandant le département, avec l'Inspecteur aux revues et tout l'Etat-Major de la place.

Chacun parcourait avec intérêt les produits de l'industrie départementale, exposés dans la grande salle de la Préfecture, et destinés à faire partie de l'exposition nationale des derniers jours complémentaires, et applaudissait aux progrès sensibles qu'avaient fait les fabriques et les arts depuis l'exposition de l'année dernière.

L'ordre de la marche est donné, et tout le cortège se rend, dans le plus bel ordre et aux sons d'une musique militaire de la plus riche exécution, sur la place de la colonne départementale, où la première publication devait être faite. Dans le fond d'une tente simple, mais élégamment décorée, placée au centre de la place, on découvre une statue de la victoire tenant d'une main l'olivier de la paix, et présentant de l'autre le décret du Sénat.

Des trophées militaires, des guirlandes de fleurs, des faisceaux de laurier et de myrte, des inscriptions analogues à la cérémonie décorent cette tente, autour de laquelle la force armée, le peuple, tous les fonctionnaires se rangent dans le plus bel ordre.

Une salve d'artillerie annonce la publication du Sénatus-Consulte, qui est faite par le Secrétaire général de la Préfecture, au milieu des acclamations mille fois répétées, *vive le premier Consul ! vive le Gouvernement !*

Des amateurs exécutent un chant de victoire et de paix ; la musique y répond par une symphonie à grand caractère,

Et le cortège reprend l'ordre de marche tracé par le programme pour se rendre au *champ de Mars*, lieu désigné pour la seconde publication.

Un cirque de feuillage, ouvert par douze portiques, orné d'inscriptions et de fleurs, décoré avec intelligence et goût, rafraichi par deux jets d'eau qui jaillissent continuellement dans son centre, reçoit tous les fonctionnaires.

Sur une colonne élevée, placée au fond du cirque, on voit une statue de la victoire, avec des trophées d'armes et des faisceaux de branches de laurier, surmontés d'étoiles, symbole de l'immortalité.

Une salve d'artillerie, un roulement de tambours commandent le silence. La proclamation du SÉNATUS-CONSULTE est entendue avec l'enthousiasme le plus vif et accueillie par des acclamations mille fois répétées, en l'honneur de la République, du Gouvernement, de la paix. L'orchestre de musique exécute divers chants de gloire, et le cortège reprend sa marche, en suivant les rues les plus fréquentées de la ville, pour se rendre d'abord à l'Hôtel de Ville, où une troisième publication est faite avec la même pompe, et de là à l'ancien collège, dans une salle disposée et ornée pour le recevoir.

L'assemblée était nombreuse et brillante ; l'empressement des dames avait déjà occupé une grande partie de la salle, lorsque le cortège y arriva. Les Autorités se placent avec ordre, l'orchestre exécute une douce et agréable symphonie, un silence profond lui succède, et le Préfet, prenant la parole, dit :

ENFANS et amis de la France, réjouissez-vous, le vœu de la grande Nation s'est enfin prononcé en faveur de son Héros chéri, de son Libérateur, de son Restaurateur: oui, NAPOLÉON BONAPARTE est déclaré Consul à vie par une immense majorité de suffrages. Ce département n'est-il pas un de ceux qui doit prendre, à cette importante et heureuse nouvelle, le plus vif intérêt ? Plus de trente-huit mille votes y ont été spontanément émis pour l'affirmative de la question soumise au peuple. Peut-on, dans la proportion de sa population, imaginer un témoignage plus éclatant, une expression plus authentique de cette volonté générale qui doit constituer la loi? Par ce grand acte de sa volonté universelle et de sa souveraine puissance, le Peuple français a satisfait à la fois aux plus impérieuses convenances politiques et au sentiment de la reconnaissance publique la mieux méritée. Heureux accord de la raison et du sentiment ! Gage touchant de l'union inaltérable de la généralité de la Nation et du Chef qu'elle s'est choisi dans son discernement et dans son amour ! Nouvel encouragement à ce Chef illustre pour appliquer toutes ses conceptions au bien de l'Etat, à la prospérité de la Nation qui l'a proclamé pour la vie le premier Régulateur de son Gouvernement, présage presqu'infaillible de la concorde entre les nationaux, de la bonne harmonie avec les Puissances étrangères, de l'équilibre prochain de l'Europe, de l'accord de tous les peuples pour substituer au fléau dévorant de la guerre, la noble rivalité de l'insdustrie, du perfectionnement, de la civilisation et du bonheur de l'espèce humaine !

Lorsque j'énonce avec tant d'enthousiasme et d'assurance ces idées, ces sentimens et ces espérances, je l'avouerai, je ne crois pas me borner à tracer mon opinion personnelle ou quelques opinions isolées sur lesquelles on puisse différer ; plus de trois millions et demi de votes laissent-ils quelque doute raisonnable sur l'assentiment universel ? S'il fut jamais une circonstance où l'on put qualifier la voix du peuple d'inspiration divine, c'est sans doute celle où quelques votes négatifs sont à peine perceptibles et appréciables dans l'immense majorité des votes affirmatifs ; celle où tout avait été prévu et disposé pour écarter toutes les influences de l'autorité, en ouvrant des registres dans chaque commune, chez tous les fonctionnaires les plus populaires par la nature de leurs fonctions, et chez les particuliers dont l'état ne subsiste que par la confiance spontanée du peuple. C'est le Gouvernement lui-même qui a voulu en référer à la Nation ; et c'est la Nation qui a répondu à son appel par la plus imposante déclaration. La déférence magnanime du premier Consul indiquait le caractère confiant d'une grande ame : la réponse du peuple est en même temps l'élan sublime de la gratitude et la détermination réfléchie d'une Nation éclairée qui sait apprécier ses véritables intérêts.

Depuis long-temps les vœux des amis de l'ordre, des zélateurs d'une sage liberté, réclamaient l'institution du *Consulat à vie*. Si la Providence infinie qui gouverne l'Univers est éternelle et immuable comme son auteur, faut-il au moins que le Gouvernement de chaque Etat, qui en est en quelque sorte la *Providence* locale, embrasse toute la durée de l'existence individuelle de ses Chefs ? Nous n'avons joué que trop long-temps les destinées de la France à la chance incertaine des élections annuelles et périodiques ; une cruelle expérience et l'exemple de l'infortunée Pologne, ont bien dû nous détromper sur le retour de ces choix temporaires, qui, consacrant l'intrigue et la corruption, suscitant des rivalités funestes, nourrissant les espérances de tous les partis, ont prolongé pendant dix ans nos dissentions domestiques et la guerre de l'Europe.

Eloigner les élections, les placer à des époques indéterminées, les rendre graduelles, confier les plus importantes à un corps peu nombreux sur la proposition nécessaire des Chefs du Gouvernement, sont des conditions nécessaires et des tempéramens sages qu'on doit apporter au régime électif, sans lesquels il peut soudainement et doit au moins à la longue se détruire par son imprévoyance et ses excès.

Tel a été, sans doute, le but louable qu'on s'est proposé et qu'on paraît avoir atteint par les dernières modifications apportées à notre Constitution, qui heureusement avait été assez sagement combinée dans le principe pour ne pas s'interdire les changemens que l'expérience fait successivement juger utiles ou nécessaires. Une sage et bonne Constitution est sans doute le chef-d'œuvre de l'esprit humain et la garantie la plus forte de la stabilité et de la prospérité d'une Nation. Mais telle est la nature de la frêle humanité, que nous ne pouvons toujours à l'avance entrevoir et déterminer les meilleures combinaisons sociales, et qu'il faut confier au temps leur épreuve et leur modification. C'est ainsi qu'en avait pensé et écrit un des fondateurs de la liberté américaine : « Une Constitution, disait-il à ses » concitoyens, ne doit être considérée que comme » un essai de Gouvernement que la succession des » temps peut seule faire justement apprécier. »

S'il était besoin d'exemples pour confirmer cette maxime, nous pourrions encore les puiser dans l'histoire de notre Révolution, et dans nos Constitutions diverses de 1791, de 1793, de l'an 3, de l'an 8, et des modifications qu'a depuis subi cette dernière. Ces innovations, il ne faut pas le dissimuler, ne sont pas sans inconvéniens et sans dangers ; mais elles en présenteront d'autant moins qu'elles ne seront pas l'ouvrage d'une aveugle démocratie, mais celui simultané d'un Gouvernement vigoureux, et d'un corps politique rassurant par son âge, par ses lumières, par sa perpétuité.

Déjà, par un accord unanime, nous avions consacré parmi nous les fonctions à vie du pouvoir judiciaire et un Sénat conservateur; n'était-ce pas une imprévoyance étrange et une inconséquence condamnable de n'avoir pas assuré la même durée aux fonctions bien plus importantes des gouvernans?

Le Gouvernement conçoit, propose et fait exécuter la loi ; il faut donc qu'il ait l'indépendance d'esprit nécessaire pour se livrer tout entier à ces grandes méditations, et la liberté et la continuité de mouvement et d'action indispensables pour disposer progressivement, dans la succession du temps et suivant l'à propos des circonstances, toutes les mesures d'application et d'exécution.

La vie entière d'un homme, quelque longue qu'on la suppose, suffit à peine à embrasser ainsi toute la pensée de l'ordre social et à en développer tous les résultats. Proposer de restreindre le pouvoir des Chefs de l'Etat à un nombre fixe d'années, c'est décourager celui ou ceux qui seraient capables de concevoir de grands plans ; c'est les séparer de leur ouvrage après l'avoir conçu et au moment de l'exécuter : dès-lors plus d'élévation dans la pensée, plus de suite dans les opérations, plus d'uniformité dans le système politique. Chaque Chef, à mesure qu'il arrive temporairement à la suprême magistrature, n'y voit qu'une satisfaction passagère de vanité et d'ambition, et une occasion unique de fortune qu'il ne faut pas laisser échapper.

S'il est avide, tout deviendra vénal entre ses mains ; il sacrifiera toutes les ressources présentes ; il anticipera sur les ressources les plus éloignées de l'Etat, pour s'enrichir et pour enrichir sa famille, et les finances iront toujours en se détériorant. Admettez-vous que le Chef temporaire soit ambitieux, il détruira l'ouvrage de ses prédécesseurs, pour peu qu'il puisse espérer de se rendre remarquable par quelque innovation, et il préparera à ses successeurs des embarras inextricables pour les faire paraître inhabiles et se faire rappeler au timon des affaires. Ainsi, soit par les effets de l'avidité, soit par les calculs de l'ambition, la chose publique est toujours en crise et en danger avec des Chefs élus pour un temps déterminé. Mais un pouvoir qui ne connaît de terme que la vie de celui ou de ceux auxquels il est confié, paraît tout à fait convenable pour prévenir d'aussi grands dangers.

Dans cet état de choses, il y a infiniment moins de chance pour les agitateurs; les factions s'éteignent le plus souvent d'elles-mêmes faute d'aliment, d'espoir ou d'occasion. S'il arrivait que les Chefs du Gouvernement fussent ambitieux, du moins cette passion, satisfaite par une durée illimitée de pouvoir, n'est point dangereuse; et peut quelquefois être salutaire comme principe d'émulation et d'activité. Rarement, en effet, les passions dépassent les bornes de la vie; et chacun, quant il est rassuré sur son sort, se plaît à signaler sa carrière par des actions utiles, et à laisser de soi d'honorables souvenirs.

Sous ces divers rapports, le Consulat à vie est une institution salutaire, un œuvre de sagesse, justifié par la réflexion et par l'expérience. Tous les bons esprits doivent donc se rallier, dans cette auguste solennité, pour célébrer dignement un événement qui doit avoir une aussi grande influence sur la tranquillité et sur les destinées de la France. La raison, satisfaite en tous points, nous démontre que l'intérêt général sollicitait ce changement à la Constitution de l'an 8 : mais qu'il est agréable, en déférant à la raison, de céder en même temps au sentiment plus impérieux pour des cœurs généreux, et d'acquitter le tribut de la reconnaissance nationale.

Qu'on veuille dépouiller toute prévention, et qu'on nous dise si le Gouvernement, dans son ensemble, pouvait se montrer plus prévoyant, plus sage, plus habile, plus conciliant, plus ami de l'ordre et des principes ; qu'on nous dise s'il est un Chef qui réunisse plus que BONAPARTE de grandeur d'ame, de talens militaires et politiques; qui ait montré un plus héroïque dévouement pour son pays, une sollicitude plus active pour dissiper sans violence toutes les factions, pour attirer à lui tous les partis par la clémence et les bienfaits, pour honorer le mérite dans tous les genres, pour récompenser les services publics, pour organiser la victoire, pour procurer la paix universelle, pour calmer les consciences en réinstituant la religion nationale et en protégeant toutes les croyances ; pour restaurer, enfin, toutes les parties de l'édifice social ; pour exalter l'esprit national, et pour placer la France au premier rang des premières Puissances du Monde.

C'est par cet ensemble de conduite, par cette masse de faits éclatans, que le Gouvernement et son digne Chef ont conquis l'amour des Français et fixé l'estime et l'admiration des étrangers. Ces sentimens les vengent assez des réflexions chagrines de quelques esprits bizarres et misanthropes, et des déclamations insensées de quelques conspirateurs obscurs, furieux de la nullité à laquelle ils se voient réduits, et toujours souhaitant une désorganisation générale dans l'espoir d'acquérir quelque importance.

Ces oiseaux des ténèbres doivent éviter la lumière ; ils peuvent même blasphémer dans leur repaire contre l'astre vivifiant qui la répand, leur cri funèbre ne saurait suspendre sa marche radieuse et fécondente.

Pour nous, Français, toujours fidèles aux lois de notre pays, nos bras seront toujours armés pour sa défense ; nos yeux toujours ouverts sur les coupables machinations des scélérats qui conspirent sa ruine ; nos cœurs toujours dirigés vers le grand Être qui régit les empires et les mondes, pour lui demander la conservation et la longevité des Chefs du Gouvernement, l'accomplissement des hautes destinées de la France, le repos et le bonheur de toutes les Nations.

La bienveillance, la commune assistance, sont les liens de la sociabilité ; ce sont les sentimens prédominans des ames honnêtes, les seuls qui puissent honorer et améliorer l'espèce humaine : anathême aux cœurs pervers qui restent insensibles à ces douces émotions !

La religion la plus charitable, d'accord avec la plus saine politique, vient les consacrer aujourd'hui ; que ce soit notre sincère offrande à l'Eternel, à cette cause intelligente de l'Univers, qui a fait de l'amour des hommes l'un des premiers préceptes de ses commandemens : aujourd'hui que le culte de la Divinité est une des maximes fondamentales de l'état régénéré ; aujourd'hui que la liberté et le repos des consciences sont garantis ; aujourd'hui que tous les temples sont r'ouverts, allons à celui attenant à cet édifice, entonner, suivant les anciens usages religieux, avec les Ministres des autels, le cantique d'invocation pour le salut de la République et des Consuls. Nos vœux seront d'autant plus agréables, d'autant mieux exaucés que nous nous montrerons plus animés de cet esprit de charité qui n'exclut aucune des manières d'honorer Dieu, qui considère les hommes comme frères, qui réconcilie tous les partis et fait déposer tous les ressentimens.

Vive la République ! Vive le Gouvernement !

Les applaudissemens les plus vifs accueillent ce discours, et l'impression en est réclamée de toute part. Un chant de gloire termine la séance, et tout le cortège se rend de suite à l'Eglise du collège, pour assister au chant religieux du *Te Deum* ordonné par le Gouvernement.

Un peuple immense inondait le parvis, l'intérieur et toutes les parties du temple. L'hymne d'action de grâce est chanté par les délégués de l'Evêque, et accompagné de la musique : l'ordre, le silence, le respect le plus religieux président à cette auguste et touchante cérémonie, qui est terminée par les prières pour la République et les Consuls.

Tout le cortège remonte en ordre à la Préfecture, où le Préfet le remercie, au nom du Gouvernement, du zèle et de l'empressement qu'il a montré pour donner de la pompe et de l'éclat à cette importante cérémonie.

A l'entrée de la nuit, une illumination générale et spontanée manifeste encore la joie publique. Les Autorités se réunissent de nouveau, le peuple se porte en foule au *champ de Mars*, où un feu d'artifice est tiré à la satisfaction générale : des danses terminent la Fête.

Le présent procès-verbal, rédigé par nous Secrétaire général de la Préfecture;

et, par arrêté du Préfet du même jour, imprimé pour être envoyé au Ministre de l'intérieur, aux Commandans militaires, aux Autorités judiciaires, aux Sous-Préfets et aux Maires des communes, afin d'y être lu au peuple le dimanche qui suivra sa réception.

Au Puy, le 27 thermidor, an 10 de la République française.

Le Préfet de la Haute-Loire,

LAMOTHE.

Par le Préfet:

Le Secrétaire Général,

BARRÈS.

AU PUY, chez J. B. LA COMBE, Imprimeur de la Préfecture. AN X.

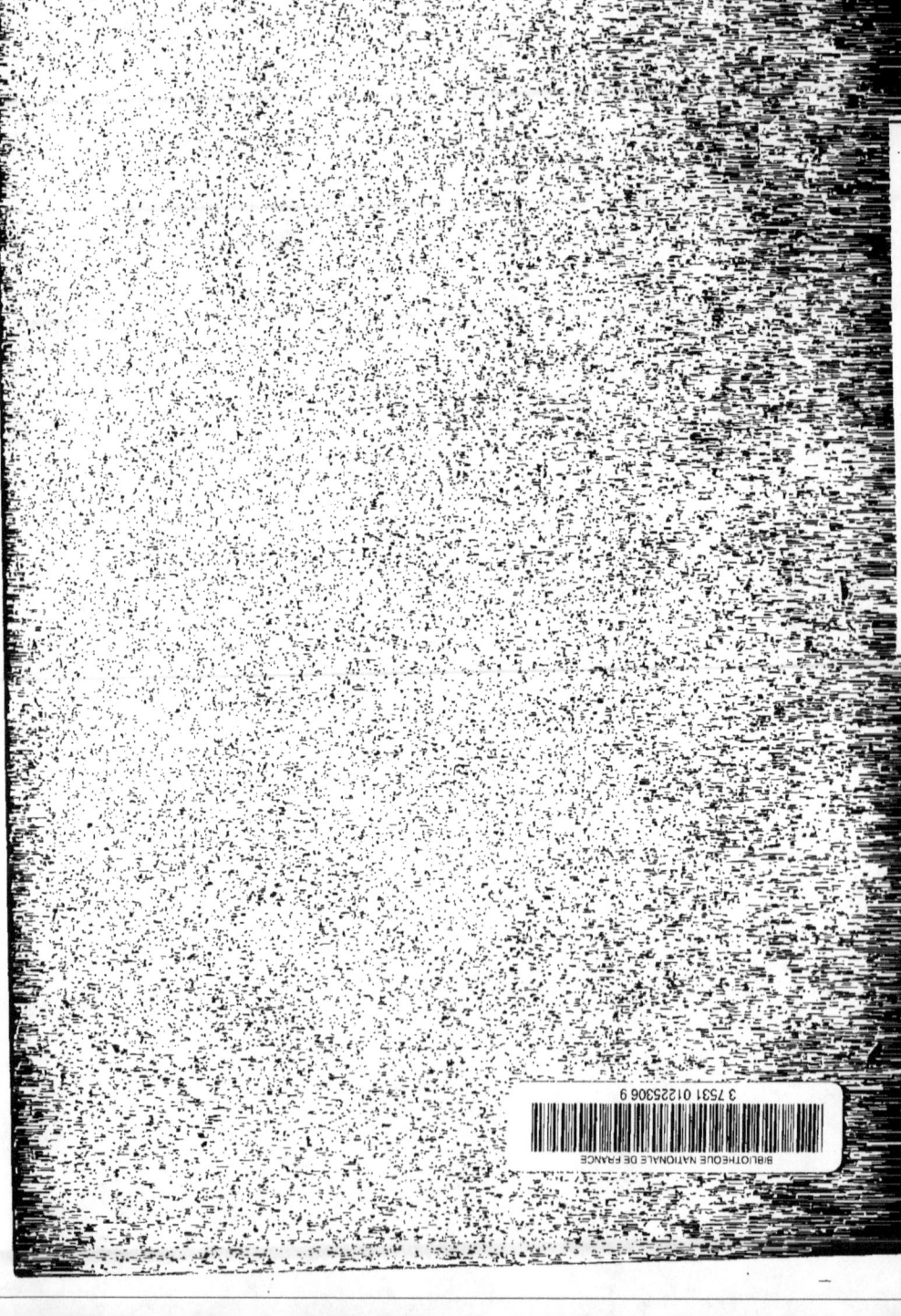

www.ingramcontent.com/pod-product-compliance
Lightning Source LLC
Chambersburg PA
CBHW060635050426
42451CB00012B/2599